WENN MAN GLÜHWEIN ZU HEISS TRINKT, HAT MAN GEBRANNTE MANDELN

AUF DIE PLÄTZCHEN, fertig, los

NOCH 60 TASSEN

GLÜHWEIN, DANN IST
ENDLICH WEIHNACHTEN!

ICH GLAUB, ICH MUSS DEN ADVENTSKALENDER UMTAUSCHEN, DA IST GAR KEINE SCHOKOLADE DRIN.

So eine Sauerei!

Sorry,

BEI MEINEM HEILIGENSCHEIN
SIND DIE BATTERIEN LEER.

HEUTE MACH ICH WAS FÜR BAUCH, BEINE, PO:

Plätzchen!

LIEBER NIKOLAUS:
ICH MUSS NICHT MEHR
LIEB SEIN,
ICH KANN MIR MEINE
SCHOKOLADE
SELBST KAUFEN!

Achtung!

WEIHNACHTSPLÄTZCHEN LASSEN DIE KLEIDUNG SCHRUMPFEN.

WILLKOMMEN IN
DER SELBSTHILFEGRUPPE
FÜR KEKSSÜCHTIGE!
SUCHEN SIE SICH DOCH EIN

freies Plätzchen.

MEIN LIEBLINGSWINTERGEMÜSE
IST AUCH DIESES JAHR WIEDER DIE

Marzipan-
kartoffel.

ZWISCHEN ARBEIT
UND MOTIVATION
KLAFFT EINE LÜCKE,
IN DIE PRIMA EIN
TÄSSCHEN GLÜHWEIN
PASSEN WÜRDE.

OOPS! WIRKLICH?
DIE ZAHLEN AUF DEN TÜRCHEN
STEHEN FÜR TAGE,
NICHT FÜR MINUTEN?

Das ist jetzt doof.

24 Tassen Kaffee

SIND AUCH
EIN ADVENTSKALENDER.

WIE SCHÖN WAR

WEIHNACHTEN

ALS KIND. DA MUSSTE MAN SEINE GESCHENKE NOCH NICHT SELBST BEZAHLEN.

Gerade 2000 Kalorien verbrannt:

DIE PLÄTZCHEN IM OFEN VERGESSEN.

FALLS MICH JEMAND SUCHT,
ICH BIN AUF DEM
WEIHNACHTSMARKT.

Weihnachten

IST EIN BISSCHEN WIE AUF DER ARBEIT: DU HAST DEN GANZEN STRESS UND DER DICKE MANN IM ANZUG BEKOMMT DIE ANERKENNUNG.

WÜRD ICH IN EINEM LEBKUCHENHAUS LEBEN, WÄRE ICH INNERHALB EINER STUNDE

obdachlos.

ES FÄNGT ALLES
GANZ HARMLOS AN – UND
PLÖTZLICH HAST DU DEN
GANZEN ARM IN DER
KEKSDOSE.

WENN ICH MEINEM SCHOKO-ADVENTSKALENDER GLAUBE, DANN WAR VORGESTERN

Heiligabend.

NOCH ZWEI PAKETE
FÜR DIE NACHBARN
ANNEHMEN
UND ICH HABE ALLE
GESCHENKE
ZUSAMMEN.

WAS WEIHNACHTEN OHNE FAMILIE WÄRE?

Auf jeden Fall billiger.

DER KAFFEE IST ABER SÜß...

Das ist Glühwein!

MEIN KÖRPER BESTEHT
ZU 60 PROZENT
AUS MÜDIGKEIT,
DER REST WILL
PLÄTZCHEN ESSEN.

KEINE ZEIT!
MUSS NOCH DIE
"Wir-schenken-uns-nichts"-
Geschenke
EINPACKEN.

KANN HEUTE NICHT ZUR ARBEIT. DAS TÜRCHEN VOM ADVENTSKALENDER KLEMMT.

ICH HABE GEBACKEN:
ES GIBT 3 SORTEN PLÄTZCHEN:
„SCH***, VERBRANNT“,
„DIE GEHEN NOCH“ UND
„DIE SCHMECKEN BESSER
ALS SIE AUSSEHEN“.

BESSER FEIERN
UND GLÜHWEIN TRINKEN
ALS ABWARTEN
UND TEE TRINKEN.

ICH ACHTE SEHR AUF
AUSGEWOGENE ERNÄHRUNG:
IMMER EIN PLÄTZCHEN

in jeder Hand!

KANN MAN MIT SICHERHEIT AUSSCHLIEßEN, DASS MENSCHEN KEINEN WINTERSCHLAF BRAUCHEN? ICH WÜRDE DAS GERNE NOCHMAL ÜBERPRÜFEN.

ICH HAB KEINE STRANDFIGUR,
ABER FÜR DEN
WEIHNACHTSMARKT

reichts.

DA WILL MAN MAL DIE PLÄTZCHENDOSE LÜFTEN –

UND ZACK –

IST DIE HÄLFTE DER PLÄTZCHEN VERDAMPFT.

GÄHNEN IST AUCH NUR
EIN STUMMER SCHREI
nach Glühwein.

MEIN LEITSTERN?

DER ZIMTSTERN.

Merke:

WEIHNACHTSKALORIEN ZÄHLEN NICHT!

Glühwein HEIßMACHEN IST AUCH IRGENDWIE KOCHEN.

ICH HASSE LEUTE,
DIE MITTEN IM SATZ …

Oh, Plätzchen!

WENN MAN MORGENS DEN KAFFEE DURCH

GLÜHWEIN

ERSETZT, WIRD'S GLEICH VIEL LUSTIGER ...

„WEIẞT DU,
WO DIE KEKSE SIND?“

„Die Foffokekse?
Kein Fimmer!“

Uff, satt!

SÄMTLICHE ADVENTSKALENDER IM SUPERMARKT SIND JETZT AUF DEM AKTUELLEN STAND.

WER IST EIGENTLICH DIESER

Lars Krismes,

VON DEM ALLE IMMER SINGEN?

EGAL, WIE VIELE PLÄTZCHEN
ICH ESSE, MEIN SCHAL
passt immer.

GEH ZUR SEITE, KAFFEE,
DAS IST EIN JOB FÜR
GLÜHWEIN!

LIEBER WEIHNACHTSMANN,
ICH WAR DIESES JAHR GANZ BRAV.
OKAY, DIE MEISTE ZEIT.
NAJA, MANCHMAL.
IST JA GUT,
ICH KAUFS MIR SELBST!

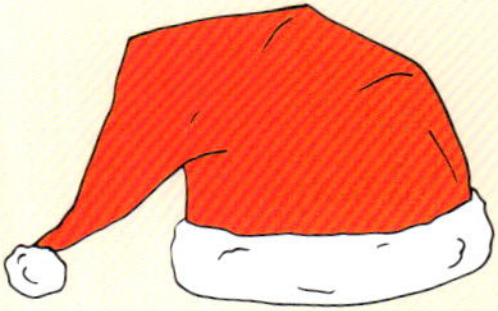

HAB SCHON MAL
ALLE TÜRCHEN IM
ADVENTSKALENDER
AUFGEMACHT:
STOẞLÜFTEN IST
WICHTIG!

HAB VERSUCHT,
PLÄTZCHEN ZU BACKEN.

Es gibt Wurfsterne.

DA GEHT MAN LEICHTFERTIG
AUF DEN WEIHNACHTSMARKT
UND KOMMT
leicht fertig
WIEDER HEIM.

„DU BIST HÄSSLICH,
DICH ESS ICH LIEBER AUF …
DU AUCH … UND DU ERST …"
ICH, JEDES MAL NACH DEM

Plätzchenbacken.

9 VON 10 GÄNSEN
EMPFEHLEN KARPFEN ZU

WEIHNACHTEN.

**ES GIBT 3 ARTEN
EINEN WEIHNACHTSBAUM
AUFZUSTELLEN:
SCHIEF, SCHIEFER,**

„Das muss so!“

DAS LEBEN IST EIN

PUNSCHKONZERT!

Bildnachweis: Anchalee Ar/Shutterstock.com; Elena Barenbaum/Shutterstock.com; Marish/Shutterstock.com; Nadezda Barkova/Shutterstock.com; Rawpixel.com/Shutterstock.com; sowie Moni Griebl.

Layout und Satz: Petra Schmidt Grafik Design

Gesamtherstellung: Printfactory, Istanbul

Wenn man Glühwein zu heiß trinkt, hat man gebrannte Mandeln
GTIN 978-3-8485-0108-3

www.geschenkverlage.de

MIX
Papier aus verantwortungsvollen Quellen
FSC® C130076
FSC www.fsc.org

2 3 4 5